Cuentos de Oscar Wilde
Oscar Wilde's Fairy Tales

Bilingual Book in Spanish and English

by Svetlana Bagdasaryan

El niño astro
The Star-Child

Éranse una vez dos pobres leñadores que regresaban a su casa cruzando un gran pinar. Era invierno y hacía un frío terrible. La nieve caía espesa sobre la tierra y los árboles; el hielo acumulado rompía las ramas más pequeñas y débiles, y cuando los leñadores llegaron al Torrente de la Montaña, vieron que este colgaba inánime en el aire porque había recibido el beso del Rey de Hielo. Tanto frío hacía, que aun los animales, hasta los mismos pájaros, no sabían qué hacer.

-¡Muh! -gruñó el lobo saltando entre los matorrales con su cola entre las patas-. ¡Hace un tiempo perfectamente horrible! ¿Por qué no trata de remediarlo el gobierno?

-¡Uit! ¡Uit! ¡Uit! -gorjeaban los verdes colorines-; la anciana Tierra ha muerto, y le han puesto su mortaja blanca.

-La Tierra se va a desposar, y este es su traje de bodas -murmuraban las tórtolas entre sí. Tenían sus piececitos de rosa heridos por el hielo; pero sentían que era un deber el considerar la situación de un modo romántico.

-¡Vamos! -gruñó el lobo-. Les digo que toda la culpa la tiene el gobierno, y a quien no me crea me lo comeré.

* * *

Once upon a time two poor Woodcutters were making their way home through a great pine-forest. It was winter, and a night of bitter cold. The snow lay thick upon the ground, and upon the branches of the trees: the frost kept snapping the little twigs on either side of them, as they passed: and when they came to the Mountain-Torrent she was hanging motionless in air, for the Ice-King had kissed her.

So cold was it that even the animals and the birds did not know what to make of it.

"Ugh!" snarled the Wolf, as he limped through the brushwood with his tail between his legs, "this is perfectly monstrous weather. Why doesn't the Government look to it?"

"Weet! weet! weet!" twittered the green Linnets, "the old Earth is dead and they have laid her out in her white shroud."

"The Earth is going to be married, and this is her bridal dress," whispered the Turtle-doves to each other.

Their little pink feet were quite frost-bitten, but they felt that it was their duty to take a romantic view of the situation.

"Nonsense!" growled the Wolf. "I tell you that it is all the fault of the Government, and if you don't believe me I shall eat you."

El lobo poseía un gran sentido práctico, y no le faltaban nunca argumentos sólidos.

-¡Bueno, lo que es por mí -dijo un pajarillo, que había nacido filósofo- las explicaciones me importan... una teoría atómica! Si una cosa es así, pues es así, y ahora lo que hay es que hace un frío horrible.

Verdaderamente, el frío era atroz. Las ardillas que vivían dentro del gran abeto no dejaban de frotarse las naricitas unas con otras, a fin de conservarlas calientes, y los conejos permanecían acurrucados en sus madrigueras, sin atreverse siquiera a asomarse. Los únicos seres que parecían contentos eran los búhos; sus plumas estaban atiesadas por la escarcha, pero eso los tenía sin cuidado; movían sus grandes ojos amarillos y no cesaban de llamarse unos a otros a través del bosque:

-¡Tu-juit! ¡Tu-ju! ¡Tu-juit! ¡Tu-ju! ¡Qué tiempo mas delicioso tenemos!

Los dos leñadores caminaban uno tras el otro; iban frotándose las manos violentamente, y sus botazas bastas y claveteadas dejaban marcado el camino sobre la nieve endurecida. Una vez se hundieron en un arroyo profundo y salieron de él blancos como los molineros cuando se mueve el molino, y otra vez, por donde las lagunas se habían helado, resbalaron sobre la dura llanura del hielo; se soltaron los nudos de sus gavillas de leña y tuvieron que recogerlas y atarlas de nuevo; y otra vez se creyeron perdidos, y un gran terror se apoderó de ellos, porque sabían cuán cruel es la nieve para quien se duerme en sus brazos. Pero confiaban en el buen San Martín, que vela por todos los viajeros, y, rehaciendo el camino, avanzaban prudentemente, y por fin llegaron al final del bosque y vieron a lo lejos, en el valle que se extendía por debajo de ellos, las luces de su aldea.

Tan locos de alegría estaban al verse salvados, que se pusieron a reír a carcajadas. La tierra les pareció una flor de plata y la luna una flor de oro.

Pero después de tanto reír se quedaron tristes, pues recordaron su pobreza, y uno de ellos le dijo al otro:

-¿A qué alegrarnos, puesto que la vida es para los ricos y no para aquellos que están como nosotros? Más nos valía haber perecido de frío en el bosque o haber sido devorados por una fiera.

-Verdad es -contestó su compañero- que a algunos se les da mucho y a otros bien poco. La injusticia ha repartido el mundo y no hay partes iguales de nada, salvo de dolor.

Y he aquí que mientras lamentaban su miseria, sucedió este hecho extraño. Cayó del cielo una estrella muy brillante y hermosa; se deslizó hacia abajo, pasando en su curso por entre las demás estrellas, y mientras los leñadores la contemplaban asombrados, les pareció que se hundía tras un grupo de sauces situado junto a un pequeño establo que se encontraba al alcance de una piedra.

The Wolf had a thoroughly practical mind, and was never at a loss for a good argument.

"Well, for my own part," said the Woodpecker, who was a born philosopher, "I don't care an atomic theory for explanations. If a thing is so, it is so, and at present it is terribly cold."

Terribly cold it certainly was. The little Squirrels, who lived inside the tall fir-tree, kept rubbing each other's noses to keep themselves warm, and the Rabbits curled themselves up in their holes, and did not venture even to look out of doors. The only people who seemed to enjoy it were the great horned Owls. Their feathers were quite stiff with rime, but they did not mind, and they rolled their large yellow eyes, and called out to each other across the forest, "Tu-whit! Tu-whoo! Tu-whit! Tu-whoo! What delightful weather we are having!"

On and on went the two Woodcutters, blowing lustily upon their fingers, and stamping with their huge iron-shod boots upon the caked snow. Once they sank into a deep drift, and came out as white as millers are, when the stones are grinding; and once they slipped on the hard smooth ice where the marsh-water was frozen, and their faggots fell out of their bundles, and they had to pick them up and bind them together again; and once they thought that they had lost their way, and a great terror seized on them, for they knew that the Snow is cruel to those who sleep in her arms. But they put their trust in the good Saint Martin, who watches over all travelers, and retraced their steps, and went warily, and at last they reached the outskirts of the forest, and saw, far down in the valley beneath them, the lights of the village in which they dwelt.

So overjoyed were they at their deliverance that they laughed aloud, and the Earth seemed to them like a flower of silver, and the Moon like a flower of gold.

Yet, after that they had laughed they became sad, for they remembered their poverty, and one of them said to the other, "Why did we make merry, seeing that life is for the rich, and not for such as we are? Better that we had died of cold in the forest, or that some wild beast had fallen upon us and slain us."

"Truly," answered his companion, "much is given to some, and little is given to others. Injustice has parceled out the world, nor is there equal division of aught save of sorrow."

But as they were bewailing their misery to each other this strange thing happened. There fell from heaven a very bright and beautiful star. It slipped down the side of the sky, passing by the other stars in its course, and, as they watched it wondering, it seemed to them to sink behind a clump of willow-trees that stood hard by a little sheepfold no more than a stone's-throw away.

-Bueno; habrá oro para quien lo encuentre -exclamaron los dos, y en su afán de hallar oro, echaron a correr hacia allí. Y uno de los dos corría más aprisa; se adelantó a su compañero; siguió su carrera a través de los sauces, salió al otro lado, y he aquí que había realmente un objeto de oro destacándose sobre la blancura de la nieve. Se apresuró a cogerlo, se inclinó para ello y vio que era un manto de tisú de oro adornado con estrellas y doblado con muchas vueltas. Gritó a su camarada, diciéndole que había encontrado el tesoro caído del cielo, y cuando el camarada llegó junto a él, se sentaron los dos en la nieve y empezaron a desdoblar el manto para repartirse las monedas de oro. Pero ¡ay!, no había oro en el manto, ni plata, ni tesoro de ninguna clase, sino solamente un niño pequeño que estaba dormido.

Y uno de los leñadores le dijo al otro:

-¡Qué mal acaba nuestra esperanza! ¡Qué poca suerte tenemos! ¿Qué puede sacar un hombre de un niño? Dejémosle aquí y sigamos nuestro camino, ya que somos pobres y tenemos a nuestros hijos, cuyo pan no podemos dar a otro.

* * *

"Why! there is a crook of gold for whoever finds it," they cried, and they set to and ran, so eager were they for the gold.

And one of them ran faster than his mate, and outstripped him, and forced his way through the willows, and came out on the other side, and lo! there was indeed a thing of gold lying on the white snow. So he hastened towards it, and stooping down placed his hands upon it, and it was a cloak of golden tissue, curiously wrought with stars, and wrapped in many folds.

And he cried out to his comrade that he had found the treasure that had fallen from the sky, and when his comrade had come up, they sat them down in the snow, and loosened the folds of the cloak that they might divide the pieces of gold. But, alas! no gold was in it, nor silver, nor, indeed, treasure of any kind, but only a little child who was asleep. And one of them said to the other, "This is a bitter ending to our hope, nor have we any good fortune, for what does a child profit to a man? Let us leave it here, and go our way, seeing that we are poor men, and have children of our own whose bread we may not give to another."

7

Pero su compañero le replicó:

-No; sería una mala acción dejar aquí a este niño para que se muera de frío entre la nieve, y aunque soy tan pobre como tú y debo dar de comer a muchas bocas, teniendo poco en el puchero para ello, me llevaré este niño a mi casa y mi mujer cuidará de él.

Cogió al niño con ternura, lo envolvió en el manto para preservarlo del frío cortante y volvió a descender la colina, dirigiéndose hacia la aldea, mientras su compañero quedaba asombrado por tanta necedad y tanta blandura de corazón.

Y llegando a la aldea le dijo a su camarada:

-Ya que tú tienes el niño, dame a mí el manto; pues justo es que repartamos el hallazgo.

Pero él le contestó:

-No; porque el manto no es ni tuyo ni mío, sino del niño. ¡Buena suerte, pues!

Y se despidió, dirigiéndose a su casa.

Llamó. Al abrir la puerta y ver que su marido había regresado con felicidad, su mujer lo abrazó, lo besó, lo desembarazó del haz de leña que llevaba a la espalda, le limpió la nieve de las botas y le dijo que entrase.

Pero él contestó:

-He encontrado algo en el bosque y te lo traigo para que cuides de ello -y no pasaba del quicio de la puerta.

* * *

But his companion answered him, "Nay, but it were an evil thing to leave the child to perish here in the snow, and though I am as poor as you are, and have many mouths to feed, and but little in the pot, yet will I bring it home with me, and my wife shall have care of it."

So very tenderly he took up the child, and wrapped the cloak around it to shield it from the harsh cold, and made his way down the hill to the village, his comrade marveling much at his foolishness and softness of heart.

And when they came to the village, his comrade said to him, "You have the child, therefore give me the cloak, for it is meet that we should share."

But he answered him, "Nay, for the cloak is neither mine nor yours, but the child's only," and he bade him Godspeed, and went to his own house and knocked.

And when his wife opened the door and saw that her husband had returned safe to her, she put her arms round his neck and kissed him, and took from his back the bundle of faggots, and brushed the snow off his boots, and bade him come in.

But he said to her, "I have found something in the forest, and I have brought it to you to have care of it," and he stirred not from the threshold.

-¿Qué es? -preguntó ella-. Muéstramelo, que la casa está vacía y son muchas las cosas que nos hacen falta.

Él, entonces, descubrió el manto y mostró el niño dormido.

-¡Pero, hombre! -murmuró la mujer-, ¿no tenemos ya a nuestros hijos, que necesitas traer un intruso a sentarse en nuestro hogar? ¡Y acaso nos traiga mala suerte! ¿Y cómo voy a cuidarlo yo?

Y se puso furiosa contra su marido.

-No, que es un Niño-Astro -contestó él, y le contó la extraña aventura.

Pero ella no se apaciguaba; le hizo burla, se enfureció más, y exclamó por fin:

-¿Nuestros hijos carecen de pan y vamos a dar de comer al hijo de otros? ¿Quién atenderá entonces a los nuestros? ¿Quién les dará de comer?

-Dios cuida hasta de los gorriones y les da alimento -repuso él.

-¿Acaso no mueren también los gorriones de hambre durante el invierno? -contestó ella-. ¿Y no estamos ahora en invierno?

El hombre no dijo nada, pero no se movió del quicio de la puerta. Un viento horrible venido del bosque hacía temblar la puerta abierta. La mujer tiritaba y le dijo al marido:

-¿Por qué no cierras la puerta? Penetra en casa un viento horrible y tengo frío.

-En la casa donde hay un mal corazón, ¿no entra acaso siempre un viento horrible? -replicó él.

La mujer calló y se acercó a la lumbre.

Después de unos momentos, volvió y miró a su marido con los ojos arrasados de lágrimas. Él, entonces, entró rápidamente, le puso al niño en los brazos, y ella lo besó y lo acostó en una cuna, en la cual estaba durmiendo el más pequeño de sus hijos. Al día siguiente, el leñador cogió el extraño manto de oro y lo guardó en un arca; y su mujer cogió una cadena de ámbar que rodeaba el cuello del niño y la guardó también junto al manto.

Así fue como el Niño-Astro creció con los hijos del leñador; se sentaba a su mesa y era su compañero de juego. Y cada año que transcurría se hacía más hermoso, y todos los habitantes de la aldea admiraban su belleza, pues mientras ellos eran cetrinos y pelinegros, él era blanco y delicado como el marfil, y los rizos de su cabellera se asemejaban a los anillos del narciso. Sus labios eran como los pétalos de una flor encarnada; sus ojos, como violetas en río de agua cristalina, y su cuerpo, como los narcisos de un campo virgen, virgen de segadores.

"What is it?" she cried. "Show it to me, for the house is bare, and we have need of many things." And he drew the cloak back, and showed her the sleeping child.

"Alack, goodman!" she murmured, "have we not children of our own, that you must needs bring a changeling to sit by the hearth? And who knows if it will not bring us bad fortune? And how shall we tend it?" And she was wroth against him.

"Nay, but it is a Star-Child," he answered; and he told her the strange manner of the finding of it.

But she would not be appeased, but mocked at him, and spoke angrily, and cried: "Our children lack bread, and shall we feed the child of another? Who is there who cares for us? And who gives us food?"

"Nay, but God cares for the sparrows even, and feeds them," he answered.

"Do not the sparrows die of hunger in the winter?" she asked. "And is it not winter now?" And the man answered nothing, but stirred not from the threshold.

And a bitter wind from the forest came in through the open door, and made her tremble, and she shivered, and said to him: "Will you not close the door? There comes a bitter wind into the house, and I am cold."

"Into a house where a heart is hard comes there not always a bitter wind?" he asked. And the woman answered him nothing, but crept closer to the fire.

And after a time she turned round and looked at him, and her eyes were full of tears. And he came in swiftly, and placed the child in her arms, and she kissed it, and laid it in a little bed where the youngest of their own children was lying. And on the morrow the Woodcutter took the curious cloak of gold and placed it in a great chest, and a chain of amber that was round the child's neck his wife took and set it in the chest also.

So the Star-Child was brought up with the children of the Woodcutter, and sat at the same board with them, and was their playmate. And every year he became more beautiful to look at, so that all those who dwelt in the village were filled with wonder, for, while they were swarthy and black-haired, he was white and delicate as sawn ivory, and his curls were like the rings of the daffodil. His lips, also, were like the petals of a red flower, and his eyes were like violets by a river of pure water, and his body like the narcissus of a field where the mower comes not.

Pero su hermosura le inspiraba el mal. Creció altivo, cruel y egoísta. Despreciaba a los hijos del leñador y a los demás niños de la aldea, diciéndoles que eran de origen humilde, mientras que él era de noble estirpe, porque había nacido de una estrella. Y se erigió en señor de todos ellos, y los llamaba sus criados; no sentía piedad por los desvalidos, ni por los ciegos o mutilados, ni por los afligidos, sino que, por el contrario, les tiraba piedras, los arrojaba a la carretera y les prohibía mendigar el pan, de modo que nadie, sino los que estaban fuera de la ley, llegaban dos veces hasta aquella aldea a pedir limosna. Estaba convencido hasta tal punto de su propia belleza, que se reía de los raquíticos y poco agraciados, burlándose de ellos.

El leñador y su mujer lo reprendían a menudo, diciéndole:

-Nosotros no te tratamos como tratas tú a los que se quedan solitarios, sin tener quién los ampare. ¿Por qué te muestras tan duro para cuantos necesitan compasión?

* * *

Yet did his beauty work him evil. For he grew proud, and cruel, and selfish. The children of the Woodcutter, and the other children of the village, he despised, saying that they were of mean parentage, while he was noble, being sprang from a Star, and he made himself master over them, and called them his servants. No pity had he for the poor, or for those who were blind or maimed or in any way afflicted, but would cast stones at them and drive them forth on to the highway, and bid them beg their bread elsewhere, so that none save the outlaws came twice to that village to ask for alms. Indeed, he was as one enamored of beauty, and would mock at the weakly and ill-favored, and make jest of them; and himself he loved, and in summer, when the winds were still, he would lie by the well in the priest's orchard and look down at the marvel of his own face, and laugh for the pleasure he had in his fairness.

Often did the Woodcutter and his wife chide him, and say, "We did not deal with you as you deal with those who are left desolate, and have none to succor them. Wherefore are you so cruel to all who need pity?"

A menudo, también el anciano sacerdote lo mandaba llamar e intentaba inculcarle el amor a los seres vivientes, diciéndole:

-La mosca es hermana tuya; no le hagas daño. Los pájaros silvestres que vuelan por el bosque tienen su derecho a la vida; no te diviertas en ponerles trampas. Dios crió al gusano y al topo y cada uno tiene designado su puesto. ¿Quién eres tú para traer penas al mundo de Dios? Hasta el ganado del campo alaba al Señor.

Pero el Niño-Astro no prestaba atención a estas palabras; ponía mal gesto, profería insultos y se iba a gobernar a sus compañeros. Y estos lo seguían porque era hermoso y tenía los pies ligeros y sabía hacer música con la flauta. Y dondequiera que el Niño-Astro los llevaba, ellos lo seguían, y cualquier cosa que el Niño-Astro les mandaba, ellos la hacían. Y cuando él, con una caña afilada le saltaba al topo los ojos turbios, ellos se echaban a reír; y cuando tiraba piedras a un leproso, también se reían. En todo los gobernaba, y les hizo volverse tan duros de corazón como él.

Un día pasó por la aldea una pobre mendiga. Tenía las ropas desgarradas y andrajosas, los pies le sangraban a causa del áspero camino recorrido, y toda su apariencia era miserable. Y como estaba muy cansada se sentó a descansar debajo de un castaño.

Al verla, el Niño–Astro dijo a sus compañeros:

-Miren, bajo aquel hermoso árbol cubierto de hojas verdes está sentada una mendiga asquerosa. Vamos a echarla de aquí, porque es fea y desagradable.

Dicho esto se aproximó a la anciana, la apedreó y se burló de ella. La mujer lo miraba con terror y no le apartaba la vista de encima.

Cuando el leñador, que se hallaba partiendo leños en un montecillo cercano, vio lo que hacía el Niño–Astro, corrió a reprenderlo, diciéndole:

-Verdaderamente tienes el corazón muy duro y no sabes lo que es tener misericordia. ¿Qué daño te ha hecho esa pobre mujer para que la trates de ese modo?

El Niño–Astro se puso furioso, pateó la tierra y contestó:

-¿Quién eres tú para interrogarme acerca de lo que hago? No soy tu hijo y no te debo obediencia.

-Dices bien -repuso el leñador-; pero yo te enseñé la piedad cuando te hallé en el bosque.

Al oír estas palabras, la mendiga dio un gran grito y se desmayó. El leñador la llevó a su casa, en donde su mujer la atendió y cuando recobró el conocimiento colocaron ante ella comida y bebida para que se reconfortase.

Often did the old priest send for him, and seek to teach him the love of living things, saying to him, "The fly is your brother. Do it no harm. The wild birds that roam through the forest have their freedom. Snare them not for your pleasure. God made the blind-worm and the mole, and each has its place. Who are you to bring pain into God's world? Even the cattle of the field praise Him."

But the Star-Child heeded not their words, but would frown and flout, and go back to his companions, and lead them. And his companions followed him, for he was fair, and fleet of foot, and could dance, and pipe, and make music. And wherever the Star-Child led them they followed, and whatever the Star-Child bade them do, that did they. And when he pierced with a sharp reed the dim eyes of the mole, they laughed, and when he cast stones at the leper they laughed also. And in all things he ruled them, and they became hard of heart even as he was.

Now there passed one day through the village a poor beggar-woman. Her garments were torn and ragged, and her feet were bleeding from the rough road on which she had travelled, and she was in very evil plight. And being weary she sat her down under a chestnut-tree to rest.

But when the Star-Child saw her, he said to his companions, "See! There sits a foul beggar-woman under that fair and green-leaved tree. Come, let us drive her hence, for she is ugly and ill-favored."

So he came near and threw stones at her, and mocked her, and she looked at him with terror in her eyes, nor did she move her gaze from him. And when the Woodcutter, who was cleaving logs in a haggard hard by, saw what the Star-Child was doing, he ran up and rebuked him, and said to him, "Surely you are hard of heart and know not mercy, for what evil has this poor woman done to you that you should treat her in this wise?"

And the Star-Child grew red with anger, and stamped his foot upon the ground, and said, "Who are you to question me what I do? I am no son of yours to do your bidding."

"You speak truly," answered the Woodcutter, "yet did I show you pity when I found you in the forest."

And when the woman heard these words she gave a loud cry, and fell into a swoon. And the Woodcutter carried her to his own house, and his wife had care of her, and when she rose up from the swoon into which she had fallen, they set meat and drink before her, and bade her have comfort.

Pero ella, en lugar de comer y beber, le dijo al leñador:

-¿No dijiste que el niño fue encontrado en el bosque? Y ¿no son diez años los transcurridos desde entonces?

-Sí -contestó el leñador-; en el bosque encontré yo al niño y van diez años de ello.

-Y ¿qué encontraste junto a él? -prosiguió la mendiga-. ¿No llevaba alrededor del cuello un collar de ámbar? ¿No iba envuelto en un manto de tisú de oro bordado con estrellas?

-Cierto -contestó el leñador-, era como tú dices -y sacó, del arca en donde los guardaban, el collar de ámbar y el manto de oro, y se los mostró.

Al verlos, la mendiga se echó a llorar de alegría y exclamó:

-Es mi hijito, al que yo perdí en el bosque. Te suplico que mandes pronto por él, porque vengo recorriendo el mundo en su busca.

El leñador salió con su mujer a llamar al Niño–Astro:

-Entra en casa -le dijeron-, que allí está tu madre esperándote.

Entró el niño, con gran frialdad y asombro; pero al ver quién lo esperaba, se echó a reír desdeñosamente, diciendo:

-¿Y dónde está mi madre? Porque aquí sólo veo a esta mendiga.

* * *

But she would neither eat nor drink, but said to the Woodcutter, "Did you not say that the child was found in the forest? And was it not ten years from this day?"

And the Woodcutter answered, "Yea, it was in the forest that I found him, and it is ten years from this day."

"And what signs did you find with him?" she cried. "Bare he not upon his neck a chain of amber? Was not round him a cloak of gold tissue broidered with stars?"

"Truly," answered the Woodcutter, "it was even as you say." And he took the cloak and the amber chain from the chest where they lay, and showed them to her.

And when she saw them she wept for joy, and said, "He is my little son whom I lost in the forest. I pray you send for him quickly, for in search of him have I wandered over the whole world."

So the Woodcutter and his wife went out and called to the Star- Child, and said to him, "Go into the house, and there shall you find your mother, who is waiting for you."

So he ran in, filled with wonder and great gladness. But when he saw her who was waiting there, he laughed scornfully and said, "Why, where is my mother? For I see none here but this vile beggar-woman."

Ella le dijo entonces:

-Yo soy tu madre.

-Estás loca -exclamó él, colérico-. Yo no soy tu hijo, tú eres una mendiga fea y harapienta. Por lo tanto, vete de aquí y no vuelvas a mostrarme tu repugnante cara.

-No, que eres verdaderamente mi hijito, el que yo perdí en el bosque -exclamó ella. Y cayendo de rodillas, le tendió los brazos-. Te robaron unos ladrones y te dejaron para que te murieras -continuó diciendo-; pero te he reconocido en seguida y también reconozco el manto de tisú de oro y el collar de ámbar. Te suplico que vengas conmigo, pues he errado por toda la tierra buscándote. Ven conmigo, hijo mío, ven, que necesito tu cariño.

Pero el Niño–Astro permaneció inmóvil y cerró las puertas de su corazón. No se oía ningún ruido, salvo el del llanto de la mendiga que lloraba de pena.

Y, por fin, habló el niño, con voz dura y severa:

-Si realmente eres mi madre -dijo- mejor hubieras hecho en marcharte que no en venir a avergonzarme, ya que yo me creía hijo de una estrella y no de una mendiga como tú. Vete de aquí, y que no te vuelva a ver más.

-¡Ay!, hijo mío -repuso ella-. ¿No me besarás siquiera antes de que me vaya? Mira que mi dolor ha sido muy grande al encontrarte.

-No -contestó el Niño–Astro-, que estás muy sucia. Besaría a una víbora o a un sapo antes que a ti.

La mendiga se levantó entonces y se fue al bosque, llorando amargamente. Al ver que se había ido, el Niño–Astro se puso muy contento y volvió junto a sus compañeros para seguir jugando.

Pero al verle llegar, estos se volvieron contra él, diciéndole:

-Eres tan vil como el sapo y tan aborrecible como la víbora. Márchate de aquí, que no queremos que juegues con nosotros.

Y lo echaron fuera del jardín.

El Niño–Astro se enfureció, murmurando:

-¿Qué es lo que me han dicho? Iré al pozo, me miraré detenidamente y el pozo me dirá cuán hermoso soy.

Así lo hizo, pero ¡ay!... Su cara era como la cara de un sapo y su cuerpo tenía escamas como el de una víbora. Entonces se echó a llorar sobre la hierba, diciendo:

-Seguramente me sucede esto en castigo de mi pecado. He negado a mi madre, la he echado de mi lado y me he mostrado altivo y cruel con ella. Por lo tanto, debo ir a buscarla por todo el mundo y no descansaré hasta haberla encontrado.

18

And the woman answered him, "I am your mother."

"You are to say so," cried the Star-Child angrily. "I am no son of yours, for you are a beggar, and ugly, and in rags. Therefore get you hence, and let me see your foul face no more."

"Nay, but you are indeed my little son, whom I bare in the forest," she cried, and she fell on her knees, and held out her arms to him. "The robbers stole you from me, and left you to die," she murmured, "but I recognized you when I saw you, and the signs also have I recognized, the cloak of golden tissue and the amber chain. Therefore I pray you come with me, for over the whole world have I wandered in search of you. Come with me, my son, for I have need of your love."

But the Star-Child stirred not from his place, but shut the doors of his heart against her, nor was there any sound heard save the sound of the woman weeping for pain.

And at last he spoke to her, and his voice was hard and bitter. "If in very truth you are my mother," he said, "it had been better had you stayed away, and not come here to bring me to shame, seeing that I thought I was the child of some Star, and not a beggar's child, as you tell me that I am. Therefore get you hence, and let me see you no more."

"Alas! my son," she cried, "will you not kiss me before I go? For I have suffered much to find you."

"Nay," said the Star-Child, "but you are too foul to look at, and rather would I kiss the adder or the toad than you."

So the woman rose up, and went away into the forest weeping bitterly, and when the Star-Child saw that she had gone, he was glad, and ran back to his playmates that he might play with them.

But when they beheld him coming, they mocked him and said, "Why, you are as foul as the toad, and as loathsome as the adder. Get you hence, for we will not suffer you to play with us," and they drive him out of the garden.

And the Star-Child frowned and said to himself, *What is this that they say to me? I will go to the well of water and look into it, and it shall tell me of my beauty.*

So he went to the well of water and looked into it, and lo! his face was as the face of a toad, and his body was sealed like an adder. And he flung himself down on the grass and wept, and said to himself, *Surely this has come upon me by reason of my sin. For I have denied my mother, and driven her away, and been proud, and cruel to her. Wherefore I will go and seek her through the whole world, nor will I rest till I have found her.*

En ese instante se acercó la más pequeña de las hijas del leñador, y poniéndole la mano encima del hombro, le preguntó:

-¿Qué te ocurre que has perdido tu hermosura? Quédate con nosotros, que yo no me burlaré de ti.

Y él contestó:

-No, porque he sido cruel con mi madre y este mal me ha sido enviado en castigo; así es que debo irme de aquí y andar por todo el mundo hasta encontrar a mi madre y conseguir su perdón.

Así, marchó al bosque y llamó a su madre, pero en vano. Todo el día la estuvo llamando; cuando se puso el sol, se tendió en un lecho de hojas para dormir; los pájaros y todos los animalitos huían de él recordando su crueldad, y se quedó solo. Únicamente le hacían compañía el sapo, que parecía servirle de guardia, y la víbora, que pasaba arrastrándose lentamente.

A la mañana se levantó, cogió de los árboles algunas frutas amargas, se las comió, y llorando lastimosamente emprendió el camino a través del bosque inmenso. Y a todo el que encontraba le preguntaba si por casualidad había visto a su madre. Al topo le dijo:

-Tú que andas por debajo de tierra, dime: ¿está mi madre allí?

Y el topo le contestó:

-Me has dejado ciego, ¿cómo quieres que la vea?

Le dijo al colorín:

-Tú, que puedes volar por encima de los árboles y puedes vislumbrarlo todo, dime: ¿no ves a mi madre?

Y el colorín le contestó:

-Me has cortado las alas por divertirte, ¿cómo quieres que vuele?

Y a la pequeña ardilla, que vivía solitaria dentro del abeto, le dijo:

-¿Dónde está mi madre?

Y la ardilla le contestó:

-A mí me mataste, ¿quieres acaso matarla también?

Y el Niño–Astro lloró y bajó la cabeza, y pidió a Dios que le perdonara todas sus culpas y siguió por el bosque buscando a su madre mendiga. Y al tercer día había atravesado todo el bosque y descendió hacia la llanura.

Cuando pasaba por las aldeas, los niños le hacían burla y lo apedreaban, y los campesinos no le permitían dormir en los establos, sino después de sacar fuera todo el estiércol; estaba tan sucio, que le echaban de todas partes y nadie se apiadaba de él. En ningún lugar pudo saber de la mendiga, que era su madre, a pesar de vagar por el mundo durante tres años. A menudo le parecía verla frente a él por algún camino, y la llamaba y corría tras ella hasta ensangrentarse los pies con los puntiagudos guijarros; pero no lograba alcanzarla y aquellos a quienes preguntaba por ella, contestaban que sí, que la habían visto, y si no, que habían visto otra parecida, y se reían de su pena.

And there came to him the little daughter of the Woodcutter, and she put her hand upon his shoulder and said, "What does it matter if you have lost your comeliness? Stay with us, and I will not mock at you."

And he said to her, "Nay, but I have been cruel to my mother, and as a punishment has this evil been sent to me. Wherefore I must go hence, and wander through the world till I find her, and she give me her forgiveness."

So he ran away into the forest and called out to his mother to come to him, but there was no answer. All day long he called to her, and, when the sun set he lay down to sleep on a bed of leaves, and the birds and the animals fled from him, for they remembered his cruelty, and he was alone save for the toad that watched him, and the slow adder that crawled past.

And in the morning he rose up, and plucked some bitter berries from the trees and ate them, and took his way through the great wood, weeping sorely. And of everything that he met he made inquiry if perchance they had seen his mother.

He said to the Mole, "You can go beneath the earth. Tell me, is my mother there?"

And the Mole answered, "You have blinded mine eyes. How should I know?"

He said to the Linnet, "You can fly over the tops of the tall trees, and can see the whole world. Tell me, can you see my mother?"

And the Linnet answered, "You have clipped my wings for your pleasure. How should I fly?"

And to the little Squirrel who lived in the fir-tree, and was lonely, he said, "Where is my mother?"

And the Squirrel answered, "You have slain mine. Do you seek to slay yours also?"

And the Star-Child wept and bowed his head, and prayed forgiveness of God's things, and went on through the forest, seeking for the beggar-woman. And on the third day he came to the other side of the forest and went down into the plain.

And when he passed through the villages the children mocked him, and threw stones at him, and the carlots would not suffer him even to sleep in the byres lest he might bring mildew on the stored corn, so foul was he to look at, and their hired men drave him away, and there was none who had pity on him. Nor could he hear anywhere of the beggar-woman who was his mother, though for the space of three years he wandered over the world, and often seemed to see her on the road in front of him, and would call to her, and run after her till the sharp flints made his feet to bleed.

But overtake her he could not, and those who dwelt by the way did ever deny that they had seen her, or any like to her, and they made sport of his sorrow.

Por espacio de tres años anduvo errando por el mundo y en el mundo no había para él ni amor, ni afecto, ni caridad; y es que aquel mundo era el que él mismo se había fraguado en los días de su altivez.

Una noche llegó a la puerta de una ciudad rodeada de fuertes murallas y situada junto a un río, y como estaba muy cansado y tenía los pies heridos, decidió entrar en ella. Pero los soldados que montaban la guardia no le permitieron la entrada cruzando sus lanzas y le preguntaron duramente qué buscaba en la ciudad.

-Voy en busca de mi madre -contestó él-, y les suplico me dejen pasar, pues quizás esté en esta ciudad.

Pero se burlaron de él, y uno de los soldados que tenía una gran barba negra apoyó su arma en el suelo y exclamó:

-En verdad que para tu madre no habrías de ser ninguna alegría, pues eres más feo que el sapo de la laguna y la víbora que se arrastra por el pantano: ¡lárgate de aquí!

Otro soldado que sostenía un estandarte amarillo le preguntó:

-¿Quién es tu madre y por qué la andas buscando?

Y él contestó:

-Mi madre es una mendiga como yo, y la traté mal; te ruego que me dejes pasar para que me perdone, si es que se ha detenido en esta ciudad.

Pero los soldados no hicieron caso de lo que decía, y lo pincharon con sus lanzas.

Cuando ya se alejaba, llorando, llegó uno cuya armadura tenía en incrustación flores doradas y cuyo yelmo ostentaba un león alado; llegó y preguntó a los soldados quién era aquel que había solicitado entrar.

-Es un mendigo, hijo de una pordiosera, y lo hemos echado de aquí -dijeron los soldados.

-No -exclamó riendo el recién llegado-, podemos venderlo como esclavo; lo daremos por una copa de vino dulce.

Un viejo de mal aspecto que pasaba por allí dijo entonces:

-Lo compro por ese precio.

Y después de pagar lo convenido, cogió al Niño–Astro de la mano y entró con él en la ciudad.

Después de recorrer muchas calles, llegaron ante una puertecita abierta en una pared, junto a la cual había un granado. El viejo golpeó la puerta con un anillo de jaspe tallado, la puerta se abrió y bajaron por cinco escalones de bronce a un jardín lleno de amapolas negras y jarrones verdes de barro cocido. El viejo sacó entonces de su turbante un pedazo de seda bordado, vendó con él los ojos del Niño–Astro y lo hizo marchar hacia adelante. Cuando le quitó la venda, el Niño–Astro se encontró en un calabozo alumbrado por un farol de cuerno.

For the space of three years he wandered over the world, and in the world there was neither love nor loving-kindness nor charity for him, but it was even such a world as he had made for himself in the days of his great pride.

And one evening he came to the gate of a strong-walled city that stood by a river, and, weary and footsore though he was, he made to enter in. But the soldiers who stood on guard dropped their halberds across the entrance, and said roughly to him, "What is your business in the city?"

"I am seeking for my mother," he answered, "and I pray you to suffer me to pass, for it may be that she is in this city."

But they mocked at him, and one of them wagged a black beard, and set down his shield and cried, "Of a truth, your mother will not be merry when she sees you, for you are more ill-favored than the toad of the marsh, or the adder that crawls in the fen. Get yourself gone. Get yourself gone. Your mother dwells not in this city."

And another, who held a yellow banner in his hand, said to him, "Who is your mother, and wherefore are you seeking for her?"

And he answered, "My mother is a beggar even as I am, and I have treated her evilly, and I pray you to suffer me to pass that she may give me her forgiveness, if it be that she tarries in this city." But they would not, and pricked him with their spears.

And, as he turned away weeping, one whose armor was inlaid with gilt flowers, and on whose helmet couched a lion that had wings, came up and made inquiry of the soldiers who it was who had sought entrance. And they said to him, "It is a beggar and the child of a beggar, and we have driven him away."

"Nay," he cried, laughing, "but we will sell the foul thing for a slave, and his price shall be the price of a bowl of sweet wine."

And an old and evil-visaged man who was passing by called out, and said, "I will buy him for that price," and, when he had paid the price, he took the Star-Child by the hand and led him into the city.

And after that they had gone through many streets they came to a little door that was set in a wall that was covered with a pomegranate tree. And the old man touched the door with a ring of graved jasper and it opened, and they went down five steps of brass into a garden filled with black poppies and green jars of burnt clay. And the old man took then from his turban a scarf of figured silk, and bound with it the eyes of the Star-Child, and drive him in front of him. And when the scarf was taken off his eyes, the Star-Child found himself in a dungeon, that was lit by a lantern of horn.

El viejo colocó encima de una mesa un pedazo de pan añejo y le dijo:

—¡Come!

Le sirvió un poco de agua en una taza y le dijo:

—¡Bebe!

Y después de haberle visto comer y beber, se fue, cerrando la puerta tras sí y asegurándola con una cadena de hierro.

A la mañana siguiente, el viejo, que debía poseer tantas habilidades como los magos de Libia y que había aprendido su ciencia de uno de ellos que habitaba en las tumbas del Nilo, entró, y, con malos modos, le dijo:

—En un bosque que está cerca de las puertas de esta ciudad de Giaours hay tres monedas de metal. Una es de metal blanco; otra, de metal amarillo, y la tercera es de metal rojizo. Hoy me vas a traer la pieza de metal blanco, y si vuelves sin ella te daré cien latigazos. Ve de prisa: al ponerse el sol, te esperaré a la puerta del jardín. Y no dejes de traer el metal blanco, o te irá mal conmigo: eres mi esclavo, pues te compré por una copa de vino dulce.

Le vendó los ojos con la venda de seda blanca, lo condujo a través de la casa y del jardín de amapolas; le hizo subir los cinco escalones de bronce, y, abriendo la puerta con su anillo, lo puso en la calle.

El Niño–Astro salió de las puertas de la ciudad y llegó al bosque.

* * *

And the old man set before him some mouldy bread on a trencher and said, "Eat," and some brackish water in a cup and said, "Drink," and when he had eaten and drunk, the old man went out, locking the door behind him and fastening it with an iron chain.

And on the morrow the old man, who was indeed the subtlest of the magicians of Libia and had learned his art from one who dwelt in the tombs of the Nile, came in to him and frowned at him, and said, "In a wood that is nigh to the gate of this city of Giaours there are three pieces of gold. One is of white gold, and another is of yellow gold, and the gold of the third one is red. Today you shall bring me the piece of white gold, and if you bring it not back, I will beat you with a hundred stripes. Get yourself away quickly, and at sunset I will be waiting for you at the door of the garden. See that you bring the white gold, or it shall go ill with you, for you are my slave, and I have bought you for the price of a bowl of sweet wine." And he bound the eyes of the Star-Child with the scarf of figured silk, and led him through the house, and through the garden of poppies, and up the five steps of brass. And having opened the little door with his ring he set him in the street.

And the Star-Child went out of the gate of the city, and came to the wood of which the Magician had spoken to him.

25

Desde afuera, el bosque estaba hermosísimo; parecía lleno de pájaros cantarines y de flores deliciosamente perfumadas, así es que el Niño–Astro penetró en él con gran alegría; pero aquel esplendor no le servía de nada, pues dondequiera que iba, zarzas y espinas brotaban a su paso y lo cercaban, ortigas dañinas lo pinchaban y hojas de cardo le agujereaban la piel; de modo que se encontró pronto en terrible aprieto, y tampoco pudo hallar por ningún lado la moneda de metal blanco, de la cual le había hablado el mago, a pesar de estar buscándola desde el amanecer hasta el mediodía y desde el mediodía hasta la puesta del sol. Entonces volvió a la casa llorando desconsoladamente, pues demasiado sabía lo que allí le esperaba.

Pero al llegar a la orilla del bosque oyó un grito, como de alguien que se quejase, que partía de un matorral; y olvidando sus propias penas, volvió sobre sus pasos y vio una liebre pequeñita cogida en una trampa puesta por algún cazador.

El Niño–Astro tuvo piedad de la liebre y la liberó diciéndole:

-No soy más que un esclavo, pero puedo devolverte tu libertad.

La liebre le contestó entonces:

-Es verdad, tú me has liberado; ¿qué puedo yo darte a cambio?

-Estoy buscando una moneda de metal blanco -le dijo el Niño–Astro-, no la encuentro por ninguna parte, y si no se la llevo a mi amo me dará de palos.

* * *

Now this wood was very fair to look at from without, and seemed full of singing birds and of sweet-scented flowers, and the Star- Child entered it gladly. Yet did its beauty profit him little, for wherever he went harsh briars and thorns shot up from the ground and encompassed him, and evil nettles stung him, and the thistle pierced him with her daggers, so that he was in sore distress. Nor could he anywhere find the piece of white gold of which the Magician had spoken, though he sought for it from morn to noon, and from noon to sunset. And at sunset he set his face towards home, weeping bitterly, for he knew what fate was in store for him.

But when he had reached the outskirts of the wood, he heard from a thicket a cry as of some one in pain. And forgetting his own sorrow he ran back to the place, and saw there a little Hare caught in a trap that some hunter had set for it.

And the Star-Child had pity on it, and released it, and said to it, "I am myself but a slave, yet may I give you your freedom."

And the Hare answered him, and said: "Surely you have given me freedom, and what shall I give you in return?"

And the Star-Child said to it, "I am seeking for a piece of white gold, nor can I anywhere find it, and if I bring it not to my master he will beat me."

-Ven conmigo -repuso la liebre-, que yo te llevaré adonde está, pues sé dónde fue escondida y con qué fin.

El Niño–Astro se fue con la liebre, y he aquí que dentro de un gran roble vio la moneda de metal blanco tan buscada. Lleno de alegría la cogió y dijo a la liebre:

-El servicio que te presté, me lo has pagado con creces, y el cariño que te demostré me lo has devuelto centuplicado.

-No es nada -contestó la liebre-, solo te he tratado conforme tú me trataste.

Dicho esto, desapareció rápidamente, y el Niño–Astro se dirigió hacia la ciudad.

En la puerta de esta se hallaba sentado un leproso. Sobre su cara pendía una capucha de tela gris, a través de cuyos ojetes brillaban sus ojos como carbones encendidos. Al ver llegar al Niño–Astro, golpeó en su taza de madera, agitó su cascabel, y llamando al niño le dijo:

-Dame una moneda, pues si no me voy a morir de hambre; me han echado de la ciudad y no hay quién se apiade de mi.

-¡Ay! -exclamó el Niño–Astro-, solo tengo una moneda dentro de mis alforjas y si no se la llevo a mi amo me apaleará, pues soy su esclavo.

Pero tanto rogó y suplicó el leproso, que el Niño–Astro se compadeció y le dio la moneda de metal blanco.

* * *

"Come you with me," said the Hare, "and I will lead you to it, for I know where it is hidden, and for what purpose."

So the Star-Child went with the Hare, and lo! in the cleft of a great oak-tree he saw the piece of white gold that he was seeking. And he was filled with joy, and seized it, and said to the Hare, "The service that I did to you have rendered back again many times over, and the kindness that I showed you have repaid a hundred-fold."

"Nay," answered the Hare, "but as you dealt with me, so I did deal with you," and it ran away swiftly, and the Star-Child went towards the city.

Now at the gate of the city there was seated one who was a leper. Over his face hung a cowl of grey linen, and through the eyelets his eyes gleamed like red coals. And when he saw the Star-Child coming, he struck upon a wooden bowl, and clattered his bell, and called out to him, and said, "Give me a piece of money, or I must die of hunger. For they have thrust me out of the city, and there is no one who has pity on me."

"Alas!" cried the Star-Child, "I have but one piece of money in my wallet, and if I bring it not to my master he will beat me, for I am his slave."

But the leper entreated him, and prayed of him, till the Star-Child had pity, and gave him the piece of white gold.

Cuando llegó a casa del mago, este le abrió la puerta, y haciéndole entrar, le preguntó:

-¿Traes la moneda de metal blanco?

-No la traigo -contestó el Niño–Astro.

Entonces el mago se lanzó sobre él y lo maltrató, y colocándolo ante una mesa vacía, le dijo:

-¡Come!

Y dándole una taza vacía, añadió:

-¡Bebe!

Y lo encerró de nuevo en el calabozo.

Al día siguiente llegó y le dijo:

-Si hoy no me traes la moneda de metal amarillo te guardaré siempre como esclavo y te daré trescientos latigazos.

El Niño–Astro se fue al bosque y estuvo todo el día buscando la moneda de metal amarillo, pero no pudo dar con ella por ninguna parte. A la puesta del sol se sentó en el suelo y rompió a llorar. Mas he aquí que mientras estaba llorando llegó la liebre a la que había liberado del cepo.

-¿Por qué lloras? -le preguntó la liebre-. ¿Y qué haces en el bosque?

-Estoy buscando una moneda de metal amarillo que está aquí escondida -contestó el Niño–Astro, y si no la encuentro, mi amo me pegará y me guardará como esclavo.

-¡Sígueme! -ordenó la liebre.

Y se fueron corriendo por el bosque hasta llegar a una laguna. En el fondo de la laguna estaba la moneda de metal amarillo.

-¿Cómo darte las gracias? -dijo el Niño–Astro-, pues esta es ya la segunda vez que me salvas.

-Tú tuviste compasión de mí primero -dijo la liebre, y desapareció veloz.

El Niño–Astro cogió entonces la moneda de metal amarillo, la metió en su bolsillo y se dirigió hacia la ciudad. Pero el leproso lo divisó de lejos, corrió a su encuentro y arrodillándose ante él, exclamó:

-Si no me das una moneda, me moriré de hambre.

-No tengo en mi bolsillo más que una moneda de metal amarillo -le dijo el Niño–Astro-, y si no se la llevo a mi amo me apaleará y me guardará como esclavo.

Pero el leproso le suplicó tan lastimosamente, que el Niño–Astro acabó por compadecerse y darle la moneda de metal amarillo. Y cuando llegó a la casa, el mago le abrió la puerta, le hizo entrar y le preguntó:

-¿Traes la moneda de metal amarillo? Y el Niño–Astro hubo de contestar:

-No la traigo.

Entonces el mago se lanzó sobre él, le pegó, lo cargó de cadenas y lo arrojó de nuevo al calabozo.

And when he came to the Magician's house, the Magician opened to him, and brought him in, and said to him, "Have you the piece of white gold?" And the Star-Child answered, "I have it not." So the Magician fell upon him, and beat him, and set before him an empty trencher, and said, "Eat," and an empty cup, and said, "Drink," and flung him again into the dungeon.

And on the morrow the Magician came to him, and said, "If today you bring me not the piece of yellow gold, I will surely keep you as my slave, and give you three hundred stripes."

So the Star-Child went to the wood, and all day long he searched for the piece of yellow gold, but nowhere could he find it. And at sunset he sat him down and began to weep, and as he was weeping there came to him the little Hare that he had rescued from the trap.

And the Hare said to him, "Why are you weeping? And what do you seek in the wood?"

And the Star-Child answered, "I am seeking for a piece of yellow gold that is hidden here, and if I find it not my master will beat me, and keep me as a slave."

"Follow me," cried the Hare, and it ran through the wood till it came to a pool of water. And at the bottom of the pool the piece of yellow gold was lying.

"How shall I thank you?" said the Star-Child, "for lo! this is the second time that you have succored me."

"Nay, but you had pity on me first," said the Hare, and it ran away swiftly.

And the Star-Child took the piece of yellow gold, and put it in his wallet, and hurried to the city. But the leper saw him coming, and ran to meet him, and knelt down and cried, "Give me a piece of money or I shall die of hunger."

And the Star-Child said to him, "I have in my wallet but one piece of yellow gold, and if I bring it not to my master he will beat me and keep me as his slave."

But the leper entreated him sore, so that the Star-Child had pity on him, and gave him the piece of yellow gold.

And when he came to the Magician's house, the Magician opened to him, and brought him in, and said to him, "Have you the piece of yellow gold?" And the Star-Child said to him, "I have it not." So the Magician fell upon him, and beat him, and loaded him with chains, and cast him again into the dungeon.

Al otro día llegó y le dijo:

-Si me traes hoy la moneda de metal rojizo, te dejaré libre; pero si no me la traes, te mataré indefectiblemente.

El Niño–Astro se fue al bosque y durante todo el día buscó la moneda de metal rojizo sin poder hallarla por ninguna parte. A la puesta del sol se sentó y rompió a llorar, y mientras lloraba, llegó la liebre.

Y la liebre le dijo:

-La moneda que buscas se halla en la caverna que está detrás de ti. Por lo tanto, alégrate en vez de llorar.

-¿Cómo recompensarte? -exclamó el Niño–Astro-, pues ya es la tercera vez que me salvas.

-Tú te compadeciste de mí primero -repuso la liebre, y desapareció rápidamente.

Y el Niño–Astro penetró en la caverna, y en el sitio más recóndito halló la moneda de metal rojizo, la metió en su bolsillo y volvió a la ciudad. Viéndole venir, el leproso se puso en medio del camino y dijo:

-¡Dame la moneda de metal rojizo o me muero!

El Niño–Astro tuvo lástima de él y le entregó la moneda, diciéndole:

-Tu necesidad es mayor que la mía.

Pero su corazón quedó oprimido, pues sabía la suerte que le esperaba.

Mas he aquí que al pasar por las puertas de la ciudad los soldados de la guardia le saludaron con grandes reverencias, diciendo:

-¡Qué hermoso es nuestro señor!

Y una muchedumbre le seguía, exclamando:

-Seguramente no habrá nadie tan hermoso en el mundo.

El Niño–Astro lloraba pensando: "Se están burlando de mí para hacerme sentir mi desgracia". Y tal era la muchedumbre, que el Niño–Astro se extravió en su camino y fue a parar a una gran plaza en la que se elevaba el palacio de un rey. Se abrió la puerta del palacio y los sacerdotes y altos dignatarios de la ciudad salieron a su encuentro, diciéndole prosternados:

-Tú eres nuestro señor, el hijo de nuestro rey, que estábamos esperando.

-No -les contestó el Niño–Astro-. Yo no soy el hijo del rey, sino el hijo de una pobre mendiga. ¿Y por qué me dicen hermoso, si yo sé que soy muy feo?

And on the morrow the Magician came to him, and said, "If today you bring me the piece of red gold I will set you free, but if you bring it not I will surely slay you."

So the Star-Child went to the wood, and all day long he searched for the piece of red gold, but nowhere could he find it. And at evening he sat him down and wept, and as he was weeping there came to him the little Hare.

And the Hare said to him, "The piece of red gold that you seek is in the cavern that is behind you. Therefore weep no more but be glad."

"How shall I reward you?" cried the Star-Child, "for lo! this is the third time you have succored me."

"Nay, but you have pity on me first," said the Hare, and it ran away swiftly.

And the Star-Child entered the cavern, and in its farthest corner he found the piece of red gold. So he put it in his wallet, and hurried to the city. And the leper seeing him coming, stood in the center of the road, and cried out, and said to him, "Give me the piece of red money, or I must die," and the Star-Child had pity on him again, and gave him the piece of red gold, saying, "Your need is greater than mine." Yet was his heart heavy, for he knew what evil fate awaited him.

But lo! as he passed through the gate of the city, the guards bowed down and made obeisance to him, saying, "How beautiful is our lord!" and a crowd of citizens followed him, and cried out, "Surely there is none so beautiful in the whole world!" so that the Star-Child wept, and said to himself, 'They are mocking me, and making light of my misery.' And so large was the concourse of the people, that he lost the threads of his way, and found himself at last in a great square, in which there was a palace of a King.

And the gate of the palace opened, and the priests and the high officers of the city ran forth to meet him, and they abased themselves before him, and said, "You are our lord for whom we have been waiting, and the son of our King."

And the Star-Child answered them and said, "I am no king's son, but the child of a poor beggar-woman. And how say you that I am beautiful, for I know that I am evil to look at?"

Entonces uno cuya armadura tenía incrustaciones de flores doradas y cuyo yelmo ostentaba un león alado, alzó su escudo de armas y exclamó:

-¿Por qué dice mi señor que no es hermoso?

El Niño–Astro se miró en el escudo, y he aquí que se vio nuevamente como había sido en otros tiempos. Y los sacerdotes y los altos dignatarios se prosternaron diciendo:

-Hace mucho fue profetizado que en este día vendría quien habría de gobernarnos. Por consiguiente, tome nuestro señor esta corona y este cetro y sea en su misericordia y su justicia nuestro rey.

Pero él les contestó diciendo:

-No soy digno de ello, pues he negado a mi madre que me dio a luz, y no descansaré hasta encontrarla y conseguir su perdón. Así, pues, déjenme ir que debo seguir errando por el mundo y no me puedo detener, aunque me ofrezcan una corona y un cetro.

Pero al acabar de hablar, volvió su rostro hacia la calle que conducía a la puerta de la ciudad, y ¡oh milagro!, entre la muchedumbre apiñada tras los soldados, vio a la mendiga que era su madre y junto a ella al leproso del camino.

Dio un grito de júbilo y corrió apartando a la gente, y, arrodillándose ante su madre, le besó las heridas de sus pies y los regó con sus lágrimas. Bajó la cabeza, y sollozando como el que tiene desgarrado el corazón, le dijo:

-Madre: te negué en la hora de mi orgullo; recíbeme en la hora de mi humildad. Madre, te aborrecí; dame tu amor. Madre, te rechacé; acoge ahora a tu hijo.

Pero la mendiga no le respondió una palabra. Él entonces se abrazó a los pies del leproso, diciéndole:

-Tres veces tuve compasión de ti; dile a mi madre que no permanezca sin hablarme.

Pero el leproso no le respondió una palabra y él sollozó de nuevo y dijo:

-Madre: mi sufrimiento es superior a mis fuerzas. Perdóname y permíteme que vuelva al bosque. Y la mendiga, poniéndole la mano sobre la cabeza, le dijo:

-¡Levántate!

Y el leproso, poniéndole la mano sobre la cabeza, le dijo también:

-¡Levántate!

Púsose en pie, los miró y... ¡eran un rey y una reina!

Then he, whose armor was inlaid with gilt flowers, and on whose helmet crouched a lion that had wings, held up a shield, and cried, "How says my lord that he is not beautiful?"

And the Star-Child looked, and lo! his face was even as it had been, and his comeliness had come back to him, and he saw that in his eyes which he had not seen there before.

And the priests and the high officers knelt down and said to him, "It was prophesied of old that on this day should come he who was to rule over us. Therefore, let our lord take this crown and this scepter, and be in his justice and mercy our King over us."

But he said to them, "I am not worthy, for I have denied the mother who bare me, nor may I rest till I have found her, and known her forgiveness. Therefore, let me go, for I must wander again over the world, and may not tarry here, though ye bring me the crown and the scepter." And as he spoke he turned his face from them towards the street that led to the gate of the city, and lo! among the crowd that pressed round the soldiers, he saw the beggar-woman who was his mother, and at her side stood the leper, who had sat by the road.

And a cry of joy broke from his lips, and he ran over, and kneeling down he kissed the wounds on his mother's feet, and wet them with his tears. He bowed his head in the dust, and sobbing, as one whose heart might break, he said to her, "Mother, I denied you in the hour of my pride. Accept me in the hour of my humility. Mother, I gave you hatred. Do you give me love. Mother, I rejected you. Receive your child now." But the beggar-woman answered him not a word.

And he reached out his hands, and clasped the white feet of the leper, and said to him: "Thrice did I give you of my mercy. Bid my mother speak to me once." But the leper answered him not a word.

And he sobbed again and said, "Mother, my suffering is greater than I can bear. Give me your forgiveness, and let me go back to the forest." And the beggar-woman put her hand on his head, and said to him, "Rise," and the leper put his hand on his head, and said to him, "Rise," also.

And he rose up from his feet, and looked at them, and lo! they were a King and a Queen.

Y la reina le dijo:

-Este es tu padre, al que socorriste.

Y el rey le dijo:

-Esta es tu madre, cuyos pies has regado con tus lágrimas.

Y lo abrazaron y lo besaron y lo llevaron al palacio, donde lo vistieron con ropas magníficas y le colocaron la corona sobre la cabeza y el cetro entre las manos. Y él gobernó la ciudad de junto al río. Y fue su dueño y señor. Fue justo y misericordioso con todos; desterró al mago perverso y colmó de grandes regalos al leñador y su mujer, y de honores a sus hijos; no toleró que nadie se mostrara cruel con los animales ni con los pájaros; dio ejemplo de amor y caridad, vistió al desnudo, y hubo paz y prosperidades sobre la tierra. Pero no gobernó mucho tiempo; sus sufrimientos habían sido tan grandes y tan terrible la fuerza de su prueba, que murió tres años más tarde.

Y su sucesor gobernó mal.

* * *

And the Queen said to him, "This is your father whom you have succored."

And the King said, "This is your mother whose feet you have washed with your tears." And they fell on his neck and kissed him, and brought him into the palace and clothed him in fair raiment, and set the crown upon his head, and the scepter in his hand, and over the city that stood by the river he ruled, and was its lord.

Much justice and mercy did he show to all, and the evil Magician he banished, and to the Woodcutter and his wife he sent many rich gifts, and to their children he gave high honor. Nor would he suffer any to be cruel to bird or beast, but taught love and loving-kindness and charity, and to the poor he gave bread, and to the naked he gave raiment, and there was peace and plenty in the land.

Yet ruled he not long, so great had been his suffering, and so bitter the fire of his testing, for after the space of three years he died. And he who came after him ruled evilly.

El gigante egoísta
The Selfish Giant

Cada tarde, a la salida de la escuela, los niños se iban a jugar al jardín del Gigante. Era un jardín amplio y hermoso, con arbustos de flores y cubierto de césped verde y suave. Por aquí y por allá, entre la hierba, se abrían flores luminosas como estrellas, y había doce albaricoqueros que durante la primavera se cubrían con delicadas flores color rosa y nácar, y al llegar el otoño se cargaban de ricos frutos aterciopelados. Los pájaros se demoraban en el ramaje de los árboles, y cantaban con tanta dulzura que los niños dejaban de jugar para escuchar sus trinos.

-¡Qué felices somos aquí! -se decían unos a otros.

Pero un día el Gigante regresó. Había ido de visita donde su amigo el Ogro de Cornish, y se había quedado con él durante los últimos siete años. Durante ese tiempo ya se habían dicho todo lo que se tenían que decir, pues su conversación era limitada, y el Gigante sintió el deseo de volver a su mansión. Al llegar, lo primero que vio fue a los niños jugando en el jardín.

* * *

Every afternoon, as they were coming from school, the children used to go and play in the Giant's garden.

It was a large lovely garden, with soft green grass. Here and there over the grass stood beautiful flowers like stars, and there were twelve peach-trees that in the spring-time broke out into delicate blossoms of pink and pearl, and in the autumn bore rich fruit. The birds sat on the trees and sang so sweetly that the children used to stop their games in order to listen to them.

"How happy we are here!" they cried to each other.

One day the Giant came back. He had been to visit his friend the Cornish ogre, and had stayed with him for seven years. After the seven years were over he had said all that he had to say, for his conversation was limited, and he determined to return to his own castle. When he arrived he saw the children playing in the garden.

TRESPASSERS
WILL BE PROSECUTED

-¿Qué hacen aquí? -surgió con su voz retumbante.

Los niños escaparon corriendo en desbandada.

-Este jardín es mío. Es mi jardín propio -dijo el Gigante-; todo el mundo debe entender eso y no dejaré que nadie se meta a jugar aquí.

Y, de inmediato, alzó una pared muy alta, y en la puerta puso un cartel que decía:

ENTRADA ESTRICTAMENTE PROHIBIDA

Era un Gigante egoísta...

Los pobres niños se quedaron sin tener dónde jugar. Hicieron la prueba de ir a jugar en la carretera, pero estaba llena de polvo, estaba plagada de pedruscos, y no les gustó. A menudo rondaban alrededor del muro que ocultaba el jardín del Gigante y recordaban nostálgicamente lo que había detrás.

-¡Qué dichosos éramos allí! -se decían unos a otros.

* * *

"What are you doing here?" he cried in a very gruff voice, and the children ran away. "My own garden is my own garden," said the Giant; "anyone can understand that, and I will allow nobody to play in it but myself."

So he built a high wall all round it, and put up a notice-board:

Trespassers will be prosecuted

He was a very selfish Giant.

The poor children had now nowhere to play. They tried to play on the road, but the road was very dusty and full of stones. They did not like it. They used to wander round the high wall when their lessons were over, and talk about the beautiful garden inside.

"How happy we were there," they said to each other.

Cuando la primavera volvió, toda la comarca se pobló de pájaros y flores. Sin embargo, en el jardín del Gigante Egoísta permanecía el invierno todavía. Como no había niños, los pájaros no cantaban y los árboles se olvidaron de florecer. Solo una vez una lindísima flor se asomó entre la hierba, pero apenas vio el cartel, se sintió tan triste por los niños que volvió a meterse bajo tierra y volvió a quedarse dormida.

Los únicos que ahí se sentían a gusto eran la Nieve y la Escarcha.

-La primavera se olvidó de este jardín -se dijeron-, así que nos quedaremos aquí todo el resto del año.

* * *

Then the Spring came, and all over the country there were blossoms and birds. Only in the garden of the Selfish Giant it was still winter. The birds did not care to sing in it as there were no children, and the trees forgot to blossom.

Once a beautiful flower put its head out from the grass, but when it saw the notice-board it was so sorry for the children that it slipped back into the ground again, and went off to sleep.

Only the Snow and the Frost were pleased.

"Spring has forgotten this garden," they cried, "so we will live here all the year round."

La Nieve cubrió la tierra con su gran manto blanco y la Escarcha cubrió de plata los árboles. Y en seguida invitaron a su triste amigo el Viento del Norte para que pasara con ellos el resto de la temporada. Y llegó el Viento del Norte. Venía envuelto en pieles y anduvo rugiendo por el jardín durante todo el día, desganchando las plantas y derribando las chimeneas.

-¡Qué lugar más agradable! -dijo-. Tenemos que decirle al Granizo que venga a estar con nosotros también.

Y vino el Granizo también. Todos los días se pasaba tres horas tamborileando en los tejados de la mansión, hasta que rompió la mayor parte de las tejas. Después se ponía a dar vueltas alrededor, corriendo lo más rápido que podía. Se vestía de gris y su aliento era como el hielo.

-No entiendo por qué la primavera se demora tanto en llegar aquí -decía el Gigante Egoísta cuando se asomaba a la ventana y veía su jardín cubierto de gris y blanco-, espero que pronto cambie el tiempo.

* * *

The Snow covered up the grass with her great white cloak, and the Frost painted all the trees silver. Then they invited the North Wind to stay with them, and he came. He was wrapped in furs, and he roared all day about the garden, and blew the chimney-pots down.

"This is a delightful spot," he said, "we must ask the Hail on a visit."

So the Hail came. Every day for three hours he rattled on the roof of the castle till he broke most of the slates, and then he ran round and round the garden as fast as he could go. He was dressed in grey, and his breath was like ice.

"I cannot understand why the Spring is so late in coming," said the Selfish Giant, as he sat at the window and looked out at his cold white garden; "I hope there will be a change in the weather."

Pero la primavera no llegó nunca, ni tampoco el verano. El otoño dio frutos dorados en todos los jardines, pero al jardín del Gigante no le dio ninguno.

-Es un gigante demasiado egoísta -decían los frutales.

De esta manera, el jardín del Gigante quedó para siempre sumido en el invierno, y el Viento del Norte y el Granizo y la Escarcha y la Nieve bailoteaban lúgubremente entre los árboles.

Una mañana, el Gigante estaba en la cama todavía cuando oyó que una música muy hermosa llegaba desde afuera. Sonaba tan dulce en sus oídos, que pensó que tenía que ser el rey de los elfos que pasaba por allí. En realidad, era solo un jilguerito que estaba cantando frente a su ventana, pero hacía tanto tiempo que el Gigante no escuchaba cantar ni un pájaro en su jardín, que le pareció escuchar la música más bella del mundo. Entonces el Granizo detuvo su danza, y el Viento del Norte dejó de rugir y un perfume delicioso penetró por entre las persianas abiertas.

* * *

But the Spring never came, nor the Summer. The Autumn gave golden fruit to every garden, but to the Giant's garden she gave none.

"He is too selfish," she said. So it was always Winter there, and the North Wind, and the Hail, and the Frost, and the Snow danced about through the trees.

One morning the Giant was lying awake in bed when he heard some lovely music. It sounded so sweet to his ears that he thought it must be the King's musicians passing by. It was really only a little linnet singing outside his window. It was so long since he had heard a bird sing in his garden that it seemed to him to be the most beautiful music in the world.

Then the Hail stopped dancing over his head, and the North Wind ceased roaring, and a delicious perfume came to him through the open casement.

-¡Qué bueno! Parece que al fin llegó la primavera -dijo el Gigante, y saltó de la cama para correr a la ventana.

¿Y qué es lo que vio?

Ante sus ojos había un espectáculo maravilloso. A través de una brecha del muro habían entrado los niños, y se habían trepado a los árboles. En cada árbol había un niño, y los árboles estaban tan felices de tenerlos nuevamente con ellos, que se habían cubierto de flores y balanceaban suavemente sus ramas sobre sus cabecitas infantiles. Los pájaros revoloteaban cantando alrededor de ellos, y los pequeños reían. Era realmente un espectáculo muy bello. Solo en un rincón el invierno reinaba. Era el rincón más apartado del jardín y en él se encontraba un niñito. Pero era tan pequeñín que no lograba alcanzar a las ramas del árbol, y el niño daba vueltas alrededor del viejo tronco llorando amargamente. El pobre árbol estaba todavía completamente cubierto de escarcha y nieve, y el Viento del Norte soplaba y rugía sobre él, sacudiéndole las ramas que parecían a punto de quebrarse.

* * *

"I believe the Spring has come at last," said the Giant; and he jumped out of bed and looked out. What did he see? He saw a most wonderful sight. Through a little hole in the wall the children had crept in, and they were sitting on the branches of the trees. On every tree there was a little child. And the trees were so glad to have the children back again that they had covered themselves with blossoms, and were waving their arms gently above the children's heads.

The birds were flying about and twittering with delight, and the flowers were looking up through the green grass and laughing. It was a lovely scene, only in one corner it was still winter. It was the farthest corner of the garden, and in it was standing a little boy. He was so small that he could not reach up to the branches of the tree, and he was wandering all round it, crying bitterly. The poor tree was still quite covered with frost and snow, and the North Wind was blowing and roaring above it.

-¡Sube a mí, niñito! -decía el árbol, inclinando sus ramas todo lo que podía. Pero el niño era demasiado pequeño.

El Gigante sintió que el corazón se le derretía.

-¡Cuán egoísta he sido! -exclamó-. Ahora sé por qué la primavera no quería venir hasta aquí. Subiré a ese pobre niñito al árbol y después voy a botar el muro. Desde hoy mi jardín será para siempre un lugar de juegos para los niños.

Estaba de veras arrepentido por lo que había hecho.

Bajó entonces la escalera, abrió cautelosamente la puerta de la casa y entró en el jardín. Pero en cuanto lo vieron los niños se aterrorizaron, salieron a escape y el jardín quedó en invierno otra vez. Solo aquel pequeñín del rincón más alejado no escapó, porque tenía los ojos tan llenos de lágrimas que no vio venir al Gigante.

* * *

"Climb up! Little boy," said the Tree, and it bent its branches down as low as it could; but the little boy was too tiny.

And the Giant's heart melted as he looked out.

"How selfish I have been!" he said; "now I know why the Spring would not come here. I will put that poor little boy on the top of the tree, and then I will knock down the wall, and my garden shall be the children's playground for ever and ever."

He was really very sorry for what he had done.

So he crept downstairs and opened the front door quite softly, and went out into the garden. But when the children saw him they were so frightened that they all ran away, and the garden became Winter again. Only the little boy did not run, for his eyes were so full of tears that he died not see the Giant coming.

Entonces el Gigante se le acercó por detrás, lo tomó gentilmente entre sus manos y lo subió al árbol. Y el árbol floreció de repente, y los pájaros vinieron a cantar en sus ramas, y el niño abrazó el cuello del Gigante y lo besó. Y los otros niños, cuando vieron que el Gigante ya no era malo, volvieron corriendo alegremente. Con ellos la primavera regresó al jardín.

-Desde ahora el jardín será para ustedes, hijos míos -dijo el Gigante, y tomando un hacha enorme, echó abajo el muro.

Al mediodía, cuando la gente se dirigía al mercado, todos pudieron ver al Gigante jugando con los niños en el jardín más hermoso que habían visto jamás.

Estuvieron allí jugando todo el día, y al llegar la noche los niños fueron a despedirse del Gigante.

* * *

And the Giant stole up behind him and took him gently in his hand, and put him up into the tree. And the tree broke at once into blossom, and the birds came and sang on it. The little boy stretched out his two arms and flung them round the Giant's neck, and kissed him. And the other children, when they saw that the Giant was not wicked any longer, came running back, and with them came the Spring.

"It is your garden now, little children," said the Giant, and he took a great axe and knocked down the wall.

And when the people were going to market at twelve o'clock they found the Giant playing with the children in the most beautiful garden they had ever seen.

All day long children played, and in the evening they came to the Giant to bid him good-bye.

-Pero, ¿dónde está el más pequeñito? -preguntó el Gigante-, ¿ese niño que subí al árbol del rincón?

El Gigante lo quería más que a los otros, porque el pequeño le había dado un beso.

-No lo sabemos -respondieron los niños-, se marchó solito.

-Díganle que vuelva mañana -dijo el Gigante.

Pero los niños contestaron que no sabían dónde vivía y que nunca lo habían visto antes. Y el Gigante se quedó muy triste.

Todas las tardes al salir de la escuela los niños iban a jugar con el Gigante. Pero al más chiquito, a ese que el Gigante más quería, no lo volvieron a ver nunca más. El Gigante era muy bueno con todos los niños pero echaba de menos a su primer amiguito y muy a menudo se acordaba de él.

* * *

"But where is your little companion?" he said: "the boy I put into the tree."

The Giant loved him the best because he had kissed him.

"We don't know," answered the children; "he has gone away."

"You must tell him to be sure and come here tomorrow," said the Giant.

But the children said that they did not know where he lived, and had never seen him before. The Giant felt very sad.

Every afternoon, when school was over, the children came to play with the Giant. But the little boy whom the Giant loved was never seen again. The Giant was very kind to all the children, yet he longed for his first little friend, and often spoke of him.

-¡Cómo me gustaría volverlo a ver! -repetía.

Fueron pasando los años, y el Gigante se puso viejo y sus fuerzas se debilitaron. Ya no podía jugar; pero, sentado en un enorme sillón, miraba jugar a los niños y admiraba su jardín.

-Tengo muchas flores hermosas -se decía-, pero los niños son las flores más hermosas de todas.

Una mañana de invierno, miró por la ventana mientras se vestía. Ya no odiaba el invierno pues sabía que el invierno era simplemente la primavera dormida, y que las flores estaban descansando.

Sin embargo, de pronto se restregó los ojos, maravillado, y miró, miró…

* * *

"How I would like to see him!" he used to say.

Years went over, and the Giant grew very old and feeble. He could not play about any more, so he sat in a huge armchair, and watched the children at their games, and admired his garden.

"I have many beautiful flowers," he said; "but the children are the most beautiful flowers of all."

One winter morning he looked out of his window as he was dressing. He did not hate the Winter now, for he knew that it was merely the Spring asleep, and that the flowers were resting.

Suddenly he rubbed his eyes in wonder because he saw a marvelous scene.

Era realmente maravilloso lo que estaba viendo. En el rincón más lejano del jardín había un árbol cubierto por completo de flores blancas. Todas sus ramas eran doradas, y de ellas colgaban frutos de plata. Debajo del árbol estaba parado el pequeñito a quien tanto había echado de menos.

Lleno de alegría el Gigante bajó corriendo las escaleras y entró en el jardín. Pero cuando llegó junto al niño su rostro enrojeció de ira y dijo:

-¿Quién se ha atrevido a hacerte daño?

Porque en la palma de las manos del niño había huellas de clavos, y también había huellas de clavos en sus pies.

-¿Pero, quién se atrevió a herirte? -gritó el Gigante-. Dímelo, para tomar la espada y matarlo.

* * *

In the farthest corner of the garden was a tree quite covered with lovely white blossoms. Its branches were all golden, and silver fruit hung down from them, and underneath it stood the little boy he had loved.

Downstairs ran the Giant in great joy, and out into the garden. He hastened across the grass, and came near to the child.

When he came quite close his face grew red with anger, and he said, "Who has dared to wound you?"

For on the palms of the child's hands were the prints of two nails, and the prints of two nails were on the little feet.

"Who has dared to wound you?" cried the Giant; "tell me, that I may take my big sword and slay him."

-¡No! -respondió el niño-. Estas son las heridas del Amor.

-¿Quién eres tú, mi pequeño niñito? -preguntó el Gigante, y un extraño temor lo invadió, y cayó de rodillas ante el pequeño.

Entonces el niño sonrió al Gigante, y le dijo:

-Una vez tú me dejaste jugar en tu jardín; hoy jugarás conmigo en el jardín mío, que es el Paraíso.

Y cuando los niños llegaron esa tarde encontraron al Gigante muerto debajo del árbol. Parecía dormir, y estaba entero cubierto de flores blancas.

* * *

"Oh, no!" answered the child; "but these are the wounds of Love."

"Who are you?" said the Giant, and a strange awe fell on him, and he knelt before the little child.

And the child smiled on the Giant, and said to him,

"You let me play once in your garden, today you shall come with me to my garden, which is Paradise."

And when the children ran in that afternoon, they found the Giant lying dead under the tree, all covered with white blossoms.

l - l3   A - l

l3 - 78   Ps

B2

Printed in Great Britain
by Amazon